JN410723

안효희 시인

부산 출생으로 1999년 『시와사상』으로 등단하였으며,
시집으로 『꽃잎 같은 새벽 네 시』가 있다.
『시와사상』 운영위원이며, 웹 월간 詩 [젊은시인들] 편집위원,
부산작가회의 회원으로 활동하고 있다.
메일주소 hyohee58@hanmail.net

서른여섯 가지 생각

시와사상 시인선 18

서른여섯 가지 생각

안효희 시집

시와사상사

시인의 말

카라마조프는
자기 자신을 베어 들었고

동백은 땅에
떨어져 한 번 더 피었다

말없는 말
소리 없는 소리,

지도를 버린다

천천히 걸을 수 있으리라
바람이 될 수 있으리라

2012년 4월 안효희

차 례

제 2 부

차 례

제 3 부

제 4 부

제1부

울음의 주기

사는 동안 한바탕 비가 지나갔다 동물원 인공증식장에서 키우던 수 만 마리 개구리가 거짓처럼, 진실처럼 사라졌다 존재는 사라지는 순간 드러나는 것, 어른들이 작대기를 들고 풀숲을 뒤진다 망각이라는 풀들이 잠시 일어섰다 누울 뿐, 어둠은 아무런 기척이 없다

꼭꼭 숨어라 배꼽! 꼭꼭 숨어라 울음!

개구리는 9시뉴스를 타고 전국으로 흩어졌다 쿠쿠 전기밥통 속에서, 바다가 보이는 레스토랑 오페라에서, 조각공원 연인의 숲에서 개골개골, 너무 많은 울음주머니가 열렸다 울음 가득한 오전과 오후, 밤과 낮이 폴짝폴짝 뛴다 저 이불을 뒤집으면 또 몇 마리나 튀어나올지…

누구도 가본 적 없는, 돌이킬 수 없는 습지가 있다 꼼짝하지 않는 흑색점무늬 개구리, 몸을 찢고 날개가 돋기 시작한다 달이 뜬다 숨바꼭질은 끝난다 주기적으로 건너오는 울음의 늪이다

복분자 술병

나는 여자의 S라인을 닮았다 전혀 속이 보이지 않는 내가 속을 다 비우고 나자 마침내 거실에서 장미 한 송이를 낳는 꽃병이 되었다 그리고는 나날이 그 꽃을 바라보는 여자를 낳았다 장미 한 송이 국화 한 송이… 매일 단 한 송이 꽃을 사는 여자를 낳았다

여자는 자신의 몸속에서 달의 은근한 빛깔과 뱀의 구불구불한 몸짓과 끊임없는 바깥으로의 눈길을 사향처럼 피워내었다 내가 발효를 기다리며 웅크린 시간을 그녀도 웅크려 있었던 것이다

이제 저 꽃은 훨훨 날아가는 새가 될 일만 남았고, 여자는 다시 내가 될 일만 남았다 우리는 다시 그 무엇이 되어 세상을 낳을 것인가 보이는 것은 보이지 않는 것을 낳으며, 살아있는 것은 죽어 가는 미래를 낳았다 낳아지는 "무엇"이 아닌 낳고 있는 "무엇"이 되려고 나날이 단 한 송이 꽃을 사는 여자는 자꾸 뚱뚱해지는 몸을 비틀었다

알레르기

드르륵 창을 열면 태양이 말을 걸었지 햇살도 김치 항아리처럼 발효작용 일으키지 애벌레가 생기고 수백 마리 환한 나비, 빛 속에서 부화되었지 눈이 부신 하얀 살결, 하얀 눈밭은 빛살에 먼저 반응했고 미세한 진동 느끼며 들었지 태양이 방금 낮은 봄을 말하였어 그것은 함부로 교신할 수 있는 것이 아니지 음지식물이 빛을 모르고 살듯 눈 어둡고 귀 어두운 자는 모르지 맨살에 지글지글 끓어오르는 풍경, 붉어지고 다시 붉어져 맺히는 눈물집, 따뜻하고 환한 손길로 쓰다듬는 빛의 사랑법이거나 대화법이지 꽃밭이거나, 들판이거나, 산중턱이거나, 머지않아 온 대지에 필 것이니, 간지러움, 간지러움, 이 꿈틀거림

슬픔의 막

그가 잘 웃는 까닭은 더 많이 슬프기 때문
안경을 꼈다 벗었다 한다

진주로 만든 목걸이가 흩어지자
빈 웃음이 차르르 터진다

슬픔을 가진 마른 육체의 살이 터지고
어디선가 고양이 울음 같은 목소리가 난다

압력밥솥 속에서 끓다가 혼자 가라앉는 것
냉장고 속에서 조각조각 오래도록 얼어 있는 것

그가 한 주걱 밥을 퍼 고추장을 넣고
쓱쓱 비벼 먹는다 양푼을 헹궈도 남아 있는 흔적

세상의 모든 슬픔은 가장 낮은 곳으로 흐르고
웃음은 울음으로 연결되는 저마다의 통로를 가진다

슬픔이라는 이름의 갑옷을 나날이
입었다 벗었다 하는 마네킹의 무표정

누군가의 눈을 바라본다는 것은
슬픔의 막을 가르고 당신의 절반을 그에게로 보내는 것

흡연실

비행기 날아
오르기 직전 그들
은 헐떡이며 유리문 열고 들어가네
원탁의 기사
처럼 둥근 테이블 오직
재떨이 하나를 사이에 두고
사내들, 마지막
단꿈에 불을 붙이네
한 번 문이 닫히면 영원한 진공상태,
무중력의 세계
로 전환 된다는 흡연실은
사방 유리벽으로 둘러싸인 무대
투명한 우리
안에 갇힌 배우들이네
그가 턱을 고이며 말하네 시간에서
부터의 탈출,
탈출이라네 단 한 번의
눈 깜빡거림으로도 한 계절이
지나가는 사이,
굴뚝연기가 솟아오르네

빼끔빼끔 금붕어는 살지 않고
수초 또한
흐느적거리지 않는
흡연실, 유리문을 노크하네
나와요 어서! 그들은 뼛속까지
활활 타올라 사라져가네
바람이 존재하지
않는 언덕,
먼 곳 불씨가 깜빡거리네

정리 혹은 定離

풍로초와 사랑초를
버린다 일 년 내내 꽃 피우는 것
쑥쑥 너무 잘 자라는 것도
때로는 버려지는 이유다

하루,
그 이후를 기억하지 못하는 꽃잎들
정리는 차곡차곡 쌓아두는 것 아니라
버리는 일
나날이 이별이다, 별리別離다

오래 전의 그와 그 저녁의 날짜를 지우며
아직도 남은 허공을
커다란 냄비 속에 넣어 팔팔 끓인다
먼지처럼 수증기처럼
조금씩 날아가고 있겠지…

사랑으로 길들여진 것들
살아서도 죽어서도 따라다니는 오늘
또 하루에게 익숙하고 빠르게 손 흔든다

안녕
뒤돌아보지 말아야 한다

니체와 함께

백 년 전의 니체와
사십 년 동안
니체의 먼지를 털어낸 헌 책방 주인과
1993년 10월, 다 읽은 니체를 팔아넘긴 김영민 씨

나는 동시에 세 남자를 만났다

너무나 인간적이지 못한 부분마다
그가 굵은 연필로 밑줄 그어 놓았다
떨어진 담뱃재도 말을 걸어왔다

오로지 걸어가기로 하자
단지 이곳에서 빠져나가자
아마 우리의 거동은 전진처럼 보이리라*

허리 굽은 주인이 니체와의 동거를 주장하자
니체와 마주앉아 담배를 피웠다고 주장하는 영민 씨
그들은 각자의 몫을 요구했다

---

* 니체의 《인간적인 너무나 인간적인》에서

책을 만질 때마다 빠져 나오는
뒤섞인 숨소리,
그와 그 주인과 그 남자

책장을 넘기자 눈이 내리고 비가 내렸다
작품이 입을 열 때
작가는 입을 다물고 있어야 한다는
니체의 말이 지나갔다
나의 작품을 변명하기 위해 오랫동안 눈을 감았다

비문

그 출
입문 한쪽
은 앞으로 밀
게 되어 있고 다
른 한쪽은 뒤로 당기
게 되어 있다 때로는 앞
쪽으로 밀어서 문을 열었고
때로는 나의 마음이 뒤쪽으로 당
겨서 문을 열었다 바람 한 점 없는
숲 미동도 하지 않는 나무 곁에서 비문
은 오랫동안 정지해 있었다 함부로 열어 보
일 수 없는 그늘, 약이 되기도 하고 독이 되기도
하는 시간이었다 단단하던 몸, 또렷하던 눈빛

그가 흐물흐물해지기 시작했다 사랑해 미안해 그 말
과 말로써 다하는 사랑 마지막 문을 열고 닫았다 혼
자서 돌아가는 집, 수백 개의 창문이 덜컹거렸
다 뭉게뭉게 구름이 흘러간다 날아가는 것
이 아니라 멀리 달아나는 것 비밀은 혼
자의 가슴 속에서 침몰해 가고 슬
픔은 비석의 깨알 같은 글씨처
럼 새겨져 있다 모든 가치와
의미는 문 앞에서 목이
잠기고 쾅! 닫히고 말
아 문틈에 끼여
두리번거리
고 있다

죽은 듯 조용히

하얀 드레스 입은 여자가 앉아
피아노 건반을 바라보고 있다

백지 위에 다만
'조용히' 라고만 적힌 악보

창가에 서 있던 창백한 나무를 따라
유리창 안으로 하얀 달이 들어선다

침묵이 숨을 멈추고
리듬은 바깥에서 안으로
안에서 바깥으로 흐른다

(콜록‥ 콜록
흠 흠)

기침 소리 세 번 혹은 네 번

드리워진 당신의 검은 막이 열리고
손끝에서 발끝까지

죽은 듯 조용히

빠져 나가는

5분 13초

기억은 뺨이 붉다

오른쪽 뺨이 붉은
잘 익은 사과를 한 입 베어 먹으면
잎이 달린 사과나무가 내 거실에 들어와 서는데

형상기억으로 되살아난 나뭇잎들이
시간을 쑤욱 잡아당겨
봄과 여름의 과거
하얀 꽃 피워냈다는 생각을 하게 되는데

그 끄트머리를 따라 유년의 나무
벌레 먹은 나를 펴 올리게 되는데

잎사귀 한쪽이 멍들고
왼쪽 귀퉁이 찌그러진 기억,
저렇게 둥글고 저렇게 휘날리는 기억이
머리카락 사이로 펄럭이는데

밤새 전등을 켜 놓아야 잠들 수 있던,
그래서 잠은 밤마다 바깥으로 귀 세우고
가족은 다 돌아오지 않았는데 저녁 여덟시

통금시간은 어김없이 돌아와
바람하나 샐 틈 없이 단단히 대문을 잠갔는데

먼 곳은 그렇게 가까워지기도 하고
사과처럼 붉은 뺨을 가진 기억은
하나하나 연결된 쇠고랑처럼 이어져
상처 난 발목을 수시로 흔들어댄다

귀를 팔아요

남포동 리어카 골목, 한 평 좌판을 놓고
직접 만든 귀걸이의 귀를 팔고
목걸이의 목을 팔아요
틈틈이 올려다보는 비쩍 마른 허공의 집
팔다 남은 귀가 날아올라요
팔다 남은 목이 날아올라요

밤새 알레르기처럼 돋아난 꿈
먹고 돌아서면 배고프고
만나고 헤어지면 더 외로워
외로 꼬고 앉은 다리에 쥐가 나지요

내일일까 모래일까 기다린 것은
시들지 않는 나, 영원한 얼굴이죠
어쩌다 세상의 장신구가 되어 간다 해도
애초부터 현재와 과거는 날려버리고
바람이 될지도 모를 유령 같은 미래라 하여도
나는 또 다른 분신으로 펄럭거리죠

색색으로 빛나는 거리

귀걸이의 귀와
목걸이의 목을 팔아 숨 쉬다 보면
어느새 나는
토르소가 되어 가지요

내게 날아온

만 원짜리 지폐 한 장, 주위를 살피며 주머니에 얼른 집어넣는다 누군가 늦은 밤 포장마차에서 내민 술값이었다가, 占집 흩뿌리는 쌀알 앞에 놓인 복채였다가, 지도를 만들고 남은 귀퉁이 잘린 조각이었다가, 딱따구리 쪼아댄 틀어진 나무였다가, 산비탈 흙을 꽉 움켜진 뿌리였다가, 곤충이었다가, 먼지였다가, 일곱 층계를 날아갔다 내려온 바람이었다가… 이제 내게 날아온, 나를 찾아온, 의문의 깃발 펄럭거리기 시작한다 뒷면에 급하게 흘려 쓴 접선의 시작 010-3552-44‥ 목소리가 담긴 유일한 단서, 내 삶의 비밀이 그곳에 있을 것만 같아, 망설이는 아침 망설이는 저녁을 다보내고 밥 먹다 말고 물마시다 말고, 수화기를 들고 꾹꾹 누르고 싶은 0 1 0 3 5 5 2… 내 안과 길게 연결된 당신,

잃어버린 구두

천이백 켤레의 명품구두,

장례식장에서 훔친 천이백 갈래의 길,

죽어서도

그 길

다 걸어야 한다

식욕

정육점에 걸린 고깃덩어리, 팔과 다리가 잘려나간 등짝에 시퍼런 도장 하나 찍혔다 외면했던 쇠고기 살점에서 5인분의 시뻘건 피가 흘렀다 지글지글 구워지는 살점보다 더 말랑말랑한 혀가 천천히 움직이기 시작했다 가늘고 긴 쇠젓가락으로 살점 하나를 집었다 사라져가는 기억 저편, 커다란 눈 껌뻑이며 평생 무엇을 찾아 헤매던 소의 푸른 초원이 지글지글 불타고 있다 푸드덕 새 한 마리 날 때, 소리를 따라 먼 하늘을 바라보던 사람이 누구였는지… 왼쪽 어금니로 살점 씹을 때마다 귓가에 들리는 소리, 누군가 나의 팔과 나의 다리를 뜯어 먹는다 더 크게 으아아 입을 벌린다

머리카락이 자라는 거울

기다려! 조금만 더 기다려, 나날이 쓰다듬어 주며 너는 내게 말했지 괜찮아 우리는 너무 가까운 곳에 있잖아!

내가 춤추다 말고 돌아서서 우는 동안, 미워하다 조용히 바라보는 동안, 사과를 씻어 냉동실에 얼리는 동안, 울음과 웃음을 섞어 위로하는 동안, 지루하지 않다고 생각하며 기다리는 동안, 손가락으로 빗물 섞인 물을 쿡쿡 찌르는 동안…

나는 나를 기다렸지 그때마다 바람의 눈이, 바람의 귀가 다녀가셨지 구름의 입이, 구름의 몸이 다녀가셨지 물결 같은 순간, 눈물 같은 노래가 출렁출렁 소리쳤지

날아가라! 뒤 돌아보지 말고 날아가 다시는 돌아오지 마라! 아무도 너를 모를 것이니… 그때가 되어서야 비로소 너 자신도 너를 모를 것이니…

제2부

연開 다多

하얀 봉투를 연다 연다 라는 말을 열며 입술을 오므려 후! 불어 본다 쉽게 다가서지 못하고 손발 저리도록 웅크린 몸의 오래된 닫힘이 거기에 있다

고독한 마라토너의 길은 끝없이 멀다 평행할 수 없는 길과 승부를 걸어야 하는 생의 마지막에, 문은 언제나 열려있다고 손짓한다 언덕을 바라보며 희미해져가는 눈을 비빈다

바람은 수시로 환한 백양나무 열매가 된 듯 연두의 軟, 연보라의 軟, 연꽃의 蓮 산들바람으로 불고, 연정의 戀, 연어의 鰱, 연기의 煙 날아오른다

환한 빛 속에서 방금 건져 낸 빨래가 팔랑거린다 물기 머금은 채 건조를 기다리는 내가 서 있거나 앉아, 또 다른 순간의 나를 연開 다多 열기 이전엔 언제나 밀랍이었고, 열면 열수록 사라져가는 나는 어디에 있는 것인가!

서른여섯 가지 생각

살아있는 것은 모두 펄떡이는 자갈치 어시장, 한때 갈매기였던 그가 고래고기 한 접시 뚝딱 썰어왔네 서른여섯 가지 부위별로 다른 맛이 난다는, 그래서 우리는 서른여섯 가지 골목길을 생각하네

당신의 쫀득한 맛과 질긴 집착을 씹다가 꿀꺽 삼키네 몸길이 25미터 고래의 바다를 음미하네 평택에서 무궁화를 타고 온 그의 망설임도… 언제나 24시간 전에 도착한다는 그녀의 집착도… 진주에서 부랴부랴 도착한 그의 의지도… 오늘은 적당히 흔들리면서 중심이 잡힌다네 밤마다 전전반측輾轉反側하던 서른일곱 번의 울음, 그 옆구리를 풀어 놓네 함부로 내뱉은 사랑도 비애도 아닌 또 다른 이름의 문신,

점점이 박힌 시간이 다칠세라 서로의 궁륭을 만드네 겹겹의 웃음과 손짓으로 한 번 더 우겨보네 더 넓은 곳으로의 이동, 기형의 물고기인 채로, 썩은 고목의 뿌리인 채로, 서른여섯 토막 난 꿈인 채로,

울음의 냄새

의사가 병마개를 열어 코끝에 들이대었을 때, 나는 단연코 냄새를 부정했지 모든 존재를 향하여 고개 가로 저었지 마당의 라일락, 치자, 조팝나무 꽃들이 빗장을 닫아 걸었어 그림의 꽃, 그림의 새, 향기 없는 꽃밭 서성거렸어 한쪽 눈과 한쪽 더듬이를 잃은 나비가 날아왔지 다시 날아갈 곳을 더듬고 있었지

수술은 성공했어 눈과 코와 입을 동시에 열어 킁킁! 나는 숨을 들이켰어 그것이야! 아지랑이 오르는 숲의 얼굴, 키 큰 나무의 기억이 전류처럼 흘러왔어 당신과 함께 맡았던 국화 향기, 스무 살 강가 유채꽃 바람의 향기, 그것은 내가 잡고 있는 기억의 끄트머리에서 날아 왔지 거대한 바위에 부딪힌 듯 가슴이 저려왔어 생은 언제나 벅찬 것 가끔 기적도 일어났지

생고등어 비린내가 코끝을 찔렀어

걸어다니는 우물

지구에는 수억만 개 걸어다니는 우물이 산다

'들여다보지 말 것' 그 우물은 명패를 달았다 무심한 척 빠른 걸음으로 지나쳐도 어느새 내 안에 있다

소용돌이를 가진 울음은 밤이 두렵다 작은 소리에도 두근거리는 숨, 한 맺힌 곡성을 길어 올리는 저 둥근 폐가가 내 안에 둥지를 튼다 들여다보지 않았기에 더 크게 번져가는 파문, 파문, 넘쳐나는 입, 넘쳐나는 눈들이 걸어다니기 시작한다

누가 '들여다볼까!' 두꺼운 옷을 입고 오늘도 거울 앞에 선다 또 하나의 길 저 아득한 지점, 우물 밑바닥과 거울 먼 곳은 서로에게 닿는 긴 통로를 가지고 있어, 지구 반대편 빈집에 앉아 우는 울음도 수시로 드나든다

돌멩이가 떨어져도 소리 내지 않는다 스스로를 발견하기 위한 앙다문 입술, 맑은 날에도 결단코 고요해 질 수 없는 숙명이다

말풍선

풍선껌을 씹어요
야들야들, 몰랑몰랑, 분홍색 단물 쪽쪽 빨아 먹어요
입 안에서 굴리고 굴린 분홍색 말들을
혀에 돌돌 말아 풍선을 불어요
후! 너무 강해도, 너무 약해도 안 돼요
시침 뚝 떼고 먼 곳을 봐도 소용없어요
한 번 분 말풍선은 아무리 조심해도
날아가요 날아가서 터져요
도깨비바늘처럼 붙어서 씨앗이 되는 거지요
뿌리를 내리는 땅 속이 쩍쩍 갈라져요
입이 부풀고 혀가 돋는 곳에 토네이도 같은 바람이 불어요
허공에 두 손 휘저어 보지만,
만져지지 않지만,
눈과 코와 입을 덮쳐요
썩지도 않는 것 오래오래 후후 날아다녀요
칵! 껌을 뱉어요
발로 짓이겨 보지만 신발에 철썩 달라붙어요

자장면 시키셨나요

현관문 대문 방문 모두 닫아 걸었다 바깥이 사라져버린 것처럼 바깥에서 내가 사라진 것처럼, 그럴 때 지붕 위의 윗집 뚜벅뚜벅 발소리 내며 걸어 다닌다 창이란 창 모두 열었다 달력의 날짜들이 팔랑개비처럼 펄럭거리고 풍경이 앵무새의 말을 반복했다 창문 밖 공중을 향하여 카펫을 털었다 구겨진 날개 펴지면서 한 번만, 단 한 번만… 주문처럼 펄럭거리는 카펫의 네 귀퉁이를 놓아주었다 바람은 바람의 길을 가고 시간은 시간의 길을 갔다 딩동! 딩동! 자장면 시키셨나요? 시간의 창을 여는 뻐꾸기시계, 바깥이 뚜벅뚜벅 자장면을 따라 걸어왔다 면발처럼 구불구불한 세상이 여우꼬리를 흔들었다

그래도 먹어야 살지! 이것 다 먹으면 안 잡아먹지!

블랙커피

밤을 좋아한다면 나는 이브?

가장 두려워하는 것은 혀다 강한 입김으로 쉬잇! 두 갈래 날름거리며 바깥을 탐지하는, 가장 두려워하는 것은 눈이다 비늘에 덮인 줄 모르고 항상 뜨고 있다고 생각하는

당신과 커피 한잔 마시면 종일 배고프지 않지 당신이 커피잔 속에 넣고 휘휘 저어 준 것은 흘러간 시간, 황금빛 비밀, 그리고 잊을 수 없는 그것

스푼 속에 숨겨둔 작은 보아뱀 한 마리, 혀를 지나 위장으로 이동, 뇌를 향하여 스멀스멀 기어간다 길은 넓어지고 보아뱀이 커지는,

갈라진 혀 사이에서 흘러나오는 진액, 얼룩무늬 커피 한 잔으로, 우뚝 서 있는 복숭아나무를 가른다 그곳 하류를 지나 건너편에 서 있는 또 다른 당신을 향해 흘러간다

혀 날름거리는 당신, 또 한 번 허물 벗는 당신과 한 몸인,

훌라후프

뱀으로 만든 훌라후프를 돌리지
얼룩무늬를 가진 비늘살갗
물컹거리기도 하지만
쉬잇~
때론 두 갈래 갈라진 혀 날름거리기도 하지

꽃뱀 보아뱀 방울뱀
뱃살이 출렁거리는 허리를 에워싼 채
슬금슬금 안으로 혀를 내밀지

점점 줄어드는 허리
꼬르륵거리는 배를 만지며
바닥에 내려놓는 순간

뛰어 오를 수 있는 자유
땅 속으로 스며들 수 있는 자유
삼각형은 물론 사각형으로
나는 다시 태어날 수 있지

아니 뱀으로 만든 훌라후프를

토막 낼 수 있고
끓여서 스튜도 만들 수 있지

냄비 속에 넣어 미끌미끌 팔팔 끓이다가
꿀맛 같이 먹을 수 있고
여기가 지옥이다 싶으면
휘휘 저어 왈칵 쏟아 버릴 수 있지

저렇게 커다란 세상

눈 오는 마을

나비가 그려진 방 안, 잠자리가 그려진 이불을 덮어요 온통 꽃으로 장식된 치매센터, 어린왕자와 함께 살아요 휠체어에 앉아 바라보는 세상 스르르 미끄러져요 그때마다 어제와 오늘이 점점 멀어져가요 나날을 지워가며 살아요 지워져버린 그는 울어버리지도, 웃어버리지도 못해요 밥은 언제 먹나요 잠은 언제 깨나요 하얀 종이배를 접어 비행기보다 높이 날려요 창밖 나뭇가지가 출렁! 어둠이 다가와요 이제 그녀를 찾지 않아요 그냥 훨훨 어디든지 보내줘요 가만히 가만히… 그러면 또 하루가 지나가요 눈 오는 마을, 온통 꽃으로 장식된 치매센터 유리문 앞 커다란 시계는 멈추었어요 밤바람은 이제 더 이상 나뭇가지를 흔들지 않아요

그녀와 나의 함수관계

그녀는 자꾸 누우려 한다 먼 길 둘둘 말아 주머니에 넣고, 이제 그만 누우려 한다 서 있는 동안의 나날들이 퇴행성관절염처럼 주저앉는다 나는 그녀를 일으켜 앉힌다 침대는 영혼과 육체를 병들게 하는 유혹, 세상엔 아름다운 것들이 아직 많답니다 그녀는 나에게, 길 위 수많은 나팔꽃을 열어보라고 하지만, 굽이굽이 바라보는 먼 길, 그 끝은 언제나 막다른 골목임을 안다 가고 싶은 곳과 가고 싶지 않은 곳이 등을 맞댄 채 비벼댄다 그녀는 또다시 눕고 다시 돌아서 눕는다 누워서 응시하는 그곳은 전생과 환생의 중간 지점, 풍장을 꿈꾸는 새 한 마리 하늘을 가로 지른다 나는 아직 새가 되지 못한 채 지느러미를 가진 물고기인간, 生의 한가운데를 헤엄치는 중이다

침묵으로 내장된 캡슐

그녀는 침묵으로 내장된 타임캡슐을 소유하고 있다
한 번 닫히면 쉽사리 열리지 않는 병
어둡고 무거운 캡슐 속으로 들기 위한
유일한 조건, 수의壽衣 한 벌이 필요했다

오래도록 갈고 문지른
숫돌보다 더 뭉툭한 손으로
잠자리 날개 같은 명주를 쓰다듬는다
저승꽃 핀 얼굴에 잠시 머무는 7월 윤달
왼쪽 볼에 또 다른 꽃 하나 핀다

평생 숨겨온 죄를 고백하듯
마음 한 끝 미루고 미루어오던 일
여덟 살이든 여든 살이든
과연 옷이 날개다

오래된 살갗을 감싸는 또 다른 베일
약간의 웃음과 약간의 울음
세상의 표정이란 표정 모두 버무려
밝고 어둡고 얕고 깊은

수의, 그 얇은 분홍빛

하루를 사는 일은 무의미를 지향하는 일
여든 살을 지켜보는 나
여든 살 어머니의 어머니가 되고
태어나면서 얻게 된 타임캡슐
반드시 침묵으로만 내장되는 이유를 생각한다

몸의 기억

목에 자꾸 걸리는 게 있구나
침을 삼켜도 걸리고 잠을 삼켜도 걸리는구나

내시경에도 CT 단층촬영에도 드러나지 않는
그것이 무엇일까

오랜 세월 함께 살아온 가시, 가시들
더러는 한숨이 되고 주름이 되고
더러는 꺾어진 관절이 되기도 했지만

이제 대로가 없는 길 굽은 허리를 돌아
살을 뚫고 나올 수밖에 없는
창槍이 되었는가, 검劍이 되었는가

몸은 언제까지나 모든 걸 기억하는 중이라
아무리 뭉툭한 것일지라도
닳고 닳으면 찌를 수밖에 없는 것이라

그만 뱉어내어도 좋았을
깨어진 거울 속 같은 몸의 기억,

기억도 헛된 망상이기를 바라며
달콤한 목캔디 혓바닥 위에 굴리며
콧등에 송글송글 땀 맺히는 중이라

내게 올 때까지

애광양로원은 급경사를 왼쪽으로 휘돌아 있다 입벌린 어둠 같은 휠체어가 어지럽게 서있거나 앉아있는 침침한 복도를 지났다 고무신을 신은 그가 더듬더듬 보이지 않는 세상을 걸어가고 있다

전생에 만난 기억을 뒤적이고 있을 때 그가 내 손을 부여잡았다 내 옆구리를 끼고 내 어깨를 가만히 껴안았다 가는 팔목 하나로 내 몸 전체를 떠올리고 목소리 하나로 내 아픔을 떠올리고 나이 하나로 내 앞날을 예견했다

한때 날고 기는 춤꾼이었지… 이가 없는 잇몸을 보이며 그가 말했다 보이지 않는 그의 눈을 지나 그의 말이 내게 올 때까지는 한참 걸렸다 마치 먼 곳에서 바람을 타고 오듯 천천히 날아들었다 그의 발가락은 은밀한 리듬을 타고 있었다

온몸으로 감지되는 무더위처럼 세상 모든 풍경은 그의 몸과 마음을 통해 내게 다가왔다 떡갈나무 푸른 잎사귀가 방금 날아오르다 떨어졌다고 내가 말해

주었다 낮과 밤이 노을과 만나는 시간 나는 바람도 없이 흔들렸다 가슴에 펼친 작은 무대로 그가 걸어 나갔다 연로한 그가 한 여자와 마지막 춤을 추고 있었다

다시 겨울이구나

나는 깊이 들어갔다
낙엽과 바람은 뒤섞여 맴을 돌았다
메마른 나뭇잎들이 우체통 앞을 구를 때
저 붉은 우체통, 깨알 같은 사랑마저
메말라 사라지지 않을까
걱정은 오랜 기다림처럼 쓸쓸했다
그리고 아무말도 하지 않았다*
밤은 눈물처럼 축축해졌고
한쪽 귀 풀린 플래카드는
철새처럼 날아가고 싶어 했다
겨울로 가는 건널목 앞에서
이유도 없이 두리번거리다
구두 수선가게로 들어가는 여자와
과일노점상 앞에서 주머니를 뒤적이는
낯선 남자마저, 사랑할 수 있을 것 같은
보이지 않는 이것은 무엇인가
저 말없는 눈빛들을 향한
부엉이도 없는 빈 가지에 걸린 가로등은
커다란 겨울 그림자를 만들고
나는 그 그림자 속에 창문 하나를 만들었다

---

* 독일의 하인리히 뵐(1917~1985)의 소설 제목

돌아서서 바라보다

사방이 바람뿐인 허허벌판
새장 같은 방에서 딸아이는 말한다
이제 그만 나의 손목을 놓아야 해요!
나를 깨워줄 시계가 있구요
어둔 밤을 끌어안는 침대가 있구요
빨간 열매로 만든 음식
화수분처럼 솟아나는 냉장고가 있구요
햇살 비쳐줄 창문과
그 안에 얽히고설키는 달빛까지 다 있잖아요
뾰족한 것에 찔리며 단단해지고
단단한 곳에서 더 튼튼해지는 것 아니겠어요?
마주앉아 밥을 먹으며
눈빛은 마음속의 말을 오랫동안 내밀었지만
완전한 소통은 존재하지 않는 것
사랑의 끈은 얇은 철사 같아서
언제나 불안하고 불편하고 불온했다
찬란한 봄날,
빈 가방을 들고 혼자 돌아선다
벚꽃잎 하나하나가
허공을 난도질하며 떨어진다

시간은 햇살 속에서 엿가락처럼 휘어지고
계절은 바람 속에서 사슬처럼 엮이어간다
다만 돌아선다 혼자 웃는다
기다림이 없는 것은 무효다
자르지 못하는 끈은 없다

편지

열여섯 살
꽃물결 같은 사랑하는 딸아
네 가슴 넘나드는 우윳빛 물결아
냄새나는 운동화 속
세상을 디디고 선 네 하얀 두 발을 보면
가슴이 시려온다
하얀 블라우스는
세상의 스쳐 가는 모든 바람 껴안으려 들썩이고
너의 눈빛 뒤에서
꿈결같이 어리는 고운 영상…
오늘은 네 방에 가만히 누워 본다
너의 베개를 베고 이불을 덮고
너의 천장 너의 형광등
너의 창문 넘어 빛나는 하늘을 본다
아무렇게 벗어 놓은 잠옷과 브래지어를 보며
네 풋가슴이 생각나 풋복숭아가 떠오르고
분 냄새 같은 너의 채취를 느낀다
여자이기를 원하는 너에게
아직은 어리디 어린 딸이기를 원하는
이 엄마와 이 세상을 용서해다오

찰랑찰랑 넘쳐 오르는 네 꿈이
달디달게 익어가기 위하여
바람 나부끼는 이 계절 잠시 눈감아다오
그저 샘물처럼 솟아나는 이 사랑
너는 맘껏 들여 마시기만 하여다오
열여섯 살
꽃물결 같은 사랑하는 딸아

제3부

연꽃 입술

팔백 년 된 연씨가
연분홍 꽃입술 오물거린다

진흙 깊숙이 가라앉았던
시간의 마개가 열린, 시작이다

팔백 년을 뚫고 내려간 칠흑 속에서도
바오밥나무처럼 뿌리를 하늘에 두었구나

수천수만의 생각이 그린 그리움

휘청거릴 뿐 부러지지 않는 까닭이니
텅 빈 연대蓮臺라 부르지 마라

팔백 번째 겨울에도 얼지 않는
연꽃
입술이 부르트는
팔백 년의 첫 하루가 다시 시작되었다

레미콘
– 사물화 6

내 몸엔 거친 레미콘 하나 돌아간다
어떤 날은 원망이 많아 단단하고
어떤 날은 서러움이 많아 무르다
'적절히 한다' 는 것처럼 어려운 것은 없어
내벽內壁은 늘 붉게 부어오르고
얼굴은 확확 달아오른다
미련하도록 눌러 참고 있는 지병
점점 자란다 빙글빙글
어지러움이 섞인다
알 수 없는 뒤섞임 속에서
거대한 숟가락 같은 삽 한 자루
기어코 놓지 않는다
흙을 퍼낼 때마다 굵은
지렁이 꿈틀거린다 푸드득
날아오르고 싶은 몸부림으로
씨앗 뿌려놓으면
꼭 그만큼의 싹이 벽돌처럼 태어난다
시들기 위해 다시 피는 꽃,
절반의 희망과 절반의 좌절이
자갈과 모래와 뒤섞여

뽕짝처럼 주저리주저리 흘러나온다
내 몸 어느 곳의 자갈이
내 몸 어느 곳의 모래가
지금 사막 위에 기둥을 세우는 중이다

그림자
– 사물화 7

지하철이 내다보이는 찻집에
찻잔 셋의 세계가 있다
진한 커피를 마신 찻잔과
빨대로 키위 주스를 마신 유리잔,
상체를 약간 기울이면
어깨가 닿을 듯 가깝다 그들은
살아가는 자신의 방식대로 주문한다
설탕은 No,
얼음은 Yes
그다지 달콤하지 못한 인생,
십 년이 되어도 이십 년이 되어도
더 이상 달라지지 않는 메뉴다
눈이 부딪힐 때마다 누전되는 전류,
N극은 N극을
S극은 S극을
서로 밀어 낼 수밖에 없는 충돌,
인생은 너무 熱熱하면서 너무 詩詩할 즈음,
건물에서 나온 다른 찻잔들
지하도로 잠입하는 시간이 온다
물컹물컹한 늪,

지하의 세계가 본능적으로 꿈틀거린다
어둠이 짙을수록 화려해지는 조명등 아래
가슴에 석유를 끼얹은 듯 저절로
불이 붙는 술잔들

황금비율

죽을 때까지 거울을 닦으며
거대한 궁전을 꿈꾸는 너는 여자다

쿠프왕이 피라미드를 세우듯
3.14 원주율과 1.618 황금비율을 계산한다
오리온자리 세 별에 맞추어
천체天體 창을 내고 커튼을 단다

뾰족한 집 아래 둥글게 묻힐 때까지
긴 머리카락 흩날리며
하얀 손톱을 가꾼다

빛나는 것과
빛나지 않는 것

보이는 것과
보이지 않는 것

곧 허물어질 집 속에서
또 하나의 집을 위한 연주

나날이 황금비율의 혀와 귀를 옮겨심는다
그렇게 분산시키고 분열시키며
자신의 무덤 주변을 서성인다

아름다운 골반뼈를 세울 동산
원주율에 꼭 맞는 꽃무덤을 가꾸느라
일생동안 분주한 너는 여자다
신이 내린 황금비율이다

마취될 수 없는 사람

시내 한 가운데
백화점 10층 영화매표소 앞에
점占봐주는 여자가 있다

마취 중 각성으로
수술 과정을 모두 느끼는 영화
어웨이크 a wake의 시선과 닮았다

손님을 기다리는 그 여자와 눈 마주친다
X레이 촬영을 하듯 내 전신의 뼈들이 드러나고
얼마 전 끝낸 그와의 방황
직립하지 못한 자존과 자만이 들킨듯하다

누구는 나무라 하고 불이라 하고 흙이라 하는데
나는 내가 무엇인지 모른다
어쩌면 강일까, 바다일까 뒤척이며 흘러간다

묶여 있는 깃발 하나로
두 팔 괴는 탁자 하나로
낡고 낡은 책 한 권으로

나의 왼쪽과 오른쪽을 비집고 들어온다

내 안의 내가 들키기 전에
내 안의 바닥 드러나기 전에
나는 얼른 출입구를 막아선다
달그락 달그락 얕은 우물을 긁지 마세요
바닥에 엎드린 고요를 흔들지 마세요

잠들지 않는 여자
언제나 깨어 있어 마취될 수 없는 여자
오후 한 가운데를 건너는
어제와 오늘과 내일을 들여다보는 여자
자주 웃는 여자, 절대로 웃지 않는 여자

정오

하얀 회벽에 걸린 액자의 꽃병,
그 붓꽃이
액자 바깥으로 걸어 나가요
아홉 개의 줄기와 아홉 개의 잎이
액자틀을 지나 벽 전체로 뻗어 나가요

어디든 갈 수 있는 창문을 열어요
공중으로 몸을 이어가는 등나무처럼
정오는
저 혼자 오월 한가운데로 뻗어 나가요

숨 막혀서 하아! 입을 벌려요
의사도 간호사도 다 함께 입을 벌려요
걱정하지 마, 잘 될 거야!
그런 말은
아무도 해 주지 않아요

뒤집힌 풍뎅이처럼 부르르 팔 다리를 떨어요
그때마다 점점 자라나는 손목이
목을 칭칭 감아요 잠시 보이는

형광등 하얀 불빛이
먼 하느님처럼 내려다봐요

움켜쥔 빈주먹을 놓아요 세상을 모두 놓아요
비로소 온몸, 물이 흐르는 줄기에서
아기가
대롱대롱 열매처럼 매달려요

덜컹거리는 창문 너머
얼굴 없는 그를 기다려요
백 년이 흘러가요

손톱

때때로 밥을 굶어라
허공을 향해 세우는 눈빛
귀신처럼 날카롭다면 누구든
어둠을 베어 먹을 수 있다

놀이동산 깊고 알록달록한 동굴
하얀 소복에 머리 풀어 헤치고
고양이 발톱 같은 손톱을 세워
가끔은 은밀하게 동굴벽을 긁어라

철사처럼 얇고 긴 기다림으로
시간을 잘근잘근 씹으면
귀신밖에 될 수 없는 사람의 배는 자주 고프다

창백한 얼굴 위에 허연 덧칠을 하고
눈에는 칠흑 같은 빛, 핏빛 입술을 한 채
흐흐흐
귀신의 그림자를 마주한 식사를 한다

묻는다 오늘도 귀신하러 갈 거니?

긴 머리 긴 손톱 세우고 살아
살찌지 않는 옷, 살찌지 않는 신발
저녁이면 사람이 되고 싶어
얼굴을 지우고 산발한 머리를 묶어본다

스물여섯 스물일곱 스물여덟…
밤이 되어도 자를 수 없는 손톱이 아프다

천천히 아주 천천히

화분이 깨어졌다
하나의 몸이
둘로 나뉜 것을 들고
붙여지지 않는 것을 다시 붙이며

이제 너는
어디로 갈 것인가
떨어진 잎사귀며, 찢어진 꽃잎을 두고
너는 어디로 갈 것인가

너를 보내고
또한 나는 어디로 갈 것인가

그래 산산조각으로 깨어져라
깨어져 부스러기가 되어라
질경이와 함께 흙이 되어
민들레 귀가 되고 찔레꽃 입이 되어라

천천히 아주 천천히 걸어
그 바닷가에 닿으면

누구나 깨어진다는 걸
쓰러져 지워진다는 걸

말할 수 있을 것이다

아무것도 말하지 못한 오늘
네가 맞은
우리의 최후의 날

접신接神

한 밤 중

다리 접고 앉아
흙터 속 길을 개복開腹한다 온몸,
빗물처럼 젖어 접신을 기다린다
엎드려 있던 어둠이 주문을 왼다
익어간다
냉장고 속에서 냄새나는 어둠이 뚝!뚝!
무겁고 이빨 시린 함성을 낸다

완벽한 어둠은 레이저 광선보다 빛난다

그 빛 속에서 자라는 눈빛
시간과 시간을 묶어 플러그를 꽂는다
전류보다 빠르게 번지는 어둠,
신이 내린 상처를 매달고
걸린 적 없는 패혈증을 찾아 나선다

허우적거릴수록 신은 더 깊이 내린다
비가 내린다

사각거리며 끌리는 소리,
언제나 깨어 있는 소리

할! *

* 절에서 행하는 영결식의 한 부분

미명

인부들은
버려진 나무를 모아 장작불을 피운다
또 하루가 시작되는 사내들의 불꽃
훨훨 불나방처럼 다가와
성큼성큼 터미네이터처럼 다가와

노르웨이 숲을 일구고,
롯데 캐슬 성전을 세우고,
월드 메르디앙 절정에 도달하는,
그리고 그들이 맞는
경희궁의 아침은 얼마나 신선한가

등 뒤에 우뚝 솟은
추위와 바람을 막아주는 가야벽산

기둥 세우는 일 이력이 나고
전등 밝히는 일 이력이 난
멋지게 쌓아올린 집, 그 아래에서

나날이 시멘트와 모래로 범벅이 되어

철근을 자르고 나무를 자른다
이글거리는 불 속에서도
달아오를 줄 모르는 꿈은
조금 더 빛바래고 조금 더 닳아간다

입을 열 때마다
불을 뿜듯 소주 냄새가 나는
미명은
빙 둘러선 그들의 어깨를 엮어
담장을 세우고 있다

숲과
성전
절정을 지켜 줄
그리고 우리들의 아침을 지켜줄…

고요한 밤
– 평사리

차가운 바람이 따뜻한
창호지 덧문을 흔들어대고 계실 때
별의 안부를 물었다

나가자
누가 먼저랄 것도 없이
이불 하나씩 뒤집어쓰고 마당으로 내려섰다

칠흑 같은 어둠 속
발 푹푹 빠트리는 고요가 누워계셨다

환하게 밝히신 백열등 촘촘한 하늘!

북두칠성을 찾았다
오른쪽으로 왼쪽으로 돌아
달의 여신 아르테미스의 연인이었던
오리온별을 끌어내렸다

마당으로 내려오신 달빛도 출렁거렸다

어찌할 수 없는 그 밤을
가만히 엎드린 진돗개에게
수태受胎시켰다

붉은 아리랑
– 주천 김순향*님께

조각보태극기가 휘날린다
세 번의 침선, 쌈솔법으로
골무 낀 거친 손가락 움직일 때마다
나날이 우주를 삼켰다 뱉어낸다

한때 김구 선생이 머물렀고
붉은 파도 솟구치던
그 곳에 앉아
스스럼없이 단지斷指하는 그 손

만세 부르다 찢어진 조각조각을
함성과 맞대어 다시 기우며
깃발처럼 내 걸린 붉은 상처와
등뼈가 긁히는 철조망 위를
금침金針이 난다

결의에 찬 검객처럼 바늘 휘두르는 밤
나날이 순장을 기다리는 그의 밥상은

* 조각보 명인, 해운대 소재 조각보박물관 주천문화원장

혼자 썩어서 싹이 돋고
밤은 저절로 지나 다시 아침을 맞아도
자르고
붙이고
찌르고
찔리며

천 년의 수행을 멈추지 않는
바늘을 쥔 손인가 손의 바늘인가
뭉쳐져야만 하는
아리랑 붉은 아리랑

간밤의 꿈

–어젯밤 꿈에 내가 당신을 괴롭혔지요–
진심으로 사죄하오니 이 선물을 받아 주세요

–간밤에 나를 꼬옥 안아 준 당신–
여기 감사의 선물을 드립니다

말레시아 세노이 부족은
매일 아침 불 가까이 둘러 앉아
간밤의 꿈 이야기를 한다

밤의 꿈과 낮의 환상 사이를
바닥이 드러난 물길처럼 수시로 건너다닌다
경계하는 선이 없고 경계하는 눈이 없어
오히려 활짝 열어 제친 그들의 꿈은
늘 꿈의 바깥에서 대화를 한다

꿈꾸기 위해 밥을 먹고, 잠을 청한다
하늘을 날고 싶은 꿈으로 이어지는
내일은 경배의 나라
달빛은 자주 꿈의 계단을 비추고

그들은 밤마다 계단 하나씩 오른다

누구를 원망하거나 절망하지 않는 꿈속에
독백은 우렁차고
존재는 불꽃을 견딘 참나무 숯불 같이 뜨겁다

그들에겐 늘 당신이 있어 감사할 뿐
섬처럼 둥둥 떠다니는 꿈은 존재하지 않는다
지금 이 세상만으로도 허공은 충분했으므로

사이프러스

천 년 전 지중해 연안 작은 수도원 하나 있어, 옆에는 묘지, 옆에는 나무가 있어

계절이 폭풍처럼 흐르고 수도사들이 기도하는 동안 묘지의 나무 사이프러스는 흔들렸어 쉰 목소리를 가진 슬픔에 박혀…

아래로 아래로, 잠 못 이루던 새의 울음이 묻히고, 떨어진 별이 묻히고, 새벽달이 묻히고

사람들이 새장보다 작은 문을 열고 나와 기대어 있는 동안, 가슴 아린 것들은 겹겹의 한숨을 타고 연등처럼 날아올랐지

그 길에서 시작된 하루 이틀 사흘 그리고 천 년

잎사귀 달린 하늘을 흔들면서, 살았다 죽은 사람의 친구, 죽은 사람의 가족이 되었지 사이프러스

물을 밟으며 건너온 초록의 피, 옆에는 하늘, 옆에는 초승달

세마*

터키 공항
126번 게이트 앞
그는 비행에 필요한 모든
준비를 끝냈다 황금색 보자기를 펼쳐
신전의 문을 연다 흙 묻은
오늘을 벗고 맨발로
올라선다 낮게 엎드린
육체, 낮게 엎드린
기도, 단단한 검은 옷을
벗는다 활짝 펴지는 흰 옷
흰 치마, 오른손으로 하늘을,
왼손으로 땅을 가리킨 그가
빙글빙글 돌아간다 돌아서 나선형으로
날아오른다 구리빛 얼굴이
서서히 백지처럼 하얗게 자신의
육체를 벗어난다 훨훨
날아서, 둥둥 흘러서 도달한다
어지러움과 황홀 그 사이의
나라, 신의 나라
그의 세상

* 이슬람 신비주의자 수피들의 전통춤, 30분 동안 쉬지 않고 돈다.

제4부

순장

그 속엔 장롱과 냉장고와 세탁기도 있지, 나의 사랑과 나의 궁핍과 나의 파열도 있지

꼬리를 단 시간이 재깍거리고, 날짜들이 깃발처럼 벽에 걸려 펄럭거리지, 건너편 고층빌딩이 통유리 넓은 창으로 24시간 들여다보지

행복인지 불행인지 알 수 없는 것들로 점점 배가 불러지면, 아치형 창을 내고 40층 50층까지 올라갈 수 있지

밤이 되면 전자키 달린 출입문 안에서 혼자 밥을 먹지 곁에 누운 남자가 가끔 눈을 뜨고 일어나지, 빠끔빠끔 담배를 피우고, 그러다 다시 죽은 척하지

더불어 사는 무덤 1605호분

불룩한 배를 만지며 하루에도 몇 번씩, 아무도 몰래 작은 아이를 낳지 바깥으로 바깥으로 기어나가는,

죽은 나무 아래

거실의 남쪽에 소파의 왼쪽에
죽은 나무 한그루 심었다
우둘투둘한 껍질 벗긴
하얗고 매끄러운 나무엔
메마른 가지만 하늘을 향해 뻗어 있다
서둘러 죽은 잎사귀를 매달고
죽은 사과를 매달고
죽은 물총새를 앉혔다
오랫동안 묵묵히 서 있을 뿐
어떠한 수분이나 햇살도 원하지 않는 나무에
길게 늘어진 달리Dali의 시계 하나 걸었다
잎사귀보다 무성하게 자라는 시간 속에서
시간의 풀들이 우후죽순 돋았다
봄이 아니어도 여름이 아니어도
나는 얼마든지 새로운 잎사귀와
새로운 열매와 새를 매달아 줄 수 있다
내 안에서 자란 욕망
내 안에서 죽은 욕망을 걸었다
상현달 하현달 지나
길고 긴 밤 동지를 지나

나뭇가지에 서늘한 달빛 내려앉았다
살아온 날과 살아갈 날이 뒤범벅되는 시간
잎사귀는 말라가고 열매는 썩어갔다
새는 이미 날아 가버리고
내가 앉힌 물총새, 휘파람새, 동박새, 칼새의 흔적
깃털이 주렁주렁 매달린
죽은 나무 아래
죽었던 내가 앉아 있다

만지지 마시오

조류인플루엔자
바람을 따라 날아다닌다

죽은 새 들판에 쓰러져 누워 있는데
고속도로 전광판 붉은 글씨는
자꾸만 후르르 후르르 날아간다

…마시오 죽은 새 만지지 마시오…

밀양으로 가는 구불구불한 길
죽은 새 붉은 내장처럼 멀미가 난다

살짝 건드려 주면 푸드득!
죽음을 토하거나, 다시 한 번 제 이름 부르며
울음을 토하련만

38℃ 고열과 기침, 인후통, 호흡곤란
긴 잠, 긴 고통 깨우지 마라
또 한 번의 죽음, 밀어 넣지 마라

그것은 창자를 씻어내는 사설瀉泄
출입통제와 폐쇄, 살처분과 격리

씨앗처럼 날아다니는 죽음의 싹
뿌려진 죽음은 무엇으로 피어날까

살짝 한 번 건드려 주기만 하면
푸드득! 살아날 수 있으련만…
하지만

죽은 삶 만지지 마시오

단잠

무관심으로 가득한
대합실
그들은 샌드위치를 먹고 커피를 마신 후
웃으며 떠나면 된다
다시 돌아오지 않으면 된다

그러나 떠나야 할,
남아야 할 이유가 없는 그는
앉아 있는 듯, 누워 있는 듯
스르르 잠이 든다

주변으로 빙 둘러쳐진 바리케이드
경계를 이룬 팽팽한 줄을 따라
비로소 갖게 된 작은 방
숨 쉬는 자들과
스스로를 격리시킨 그의 잠은 사각이다

구불구불한 신음들이 변주되는 계단 아래
눈을 감고 내려가다 보면
조금씩 환해지는 모서리가 보일지도 모른다

생의 마지막 열차가 올 때까지
조금만 더 기다리자
도착시간을 알고 있는
손목시계가 정확한 길이를 잴 것이다

모든 것이 보호되고 용서되는
바리케이드 안
평화로운 잠이 달다
팔짱을 낀 죽음이 곧 도착할 것이다

장미를 버리는 일

허리를 접질렸다
네 발 짐승이 되고서야 고개 숙였다
칩거는 그렇게 부동의 자세에서만 가능한 것
움직일 때마다
비명 지르며 꺾어진 것은
열두 시와 열두 시 사이의 일상
윗집에서 치는 피아노 소리를 듣는다
저 높고 낮은 음계 속에서
튀어나온 비명
뚝뚝 떨어지는 장미 꽃잎이 검다
장미를 버려야 한다
목이 꺾인 장미를 뽑아들고
꽃의 목부터 싹둑 자른다
상체와 하체를 나누어 검은 봉지에 담는다
오른손의 떨림을 무시한 채
가위는 쓱쓱 앞으로 나아간다
누구에게 기대거나
가시로 찌르는 일은 이제 없을 것이다
검은 봉지 안으로
던져진 오전과 오후,

다시는 창가의 빛을 보지 못하고
모차르트의 마적 The Magic Flute 들을 수 없다는 경고다
하늘로 머리를 들고 다녔던
내 몸에 싹둑!
거대한 가위질 소리
이제야 낮은 땅을 본다

엘리베이터

아파트에도 방주方舟가 있다

34층에서부터 천천히 내려오던 그 방주는
-만원- 이라는 붉은 혀를 내보인다

스르르 요술처럼 열려야하는 문
그러나 열리지 않고
멈추지 않는 속도

닫힌 문 안에 새들이 날고
갖가지 목숨 제 종족을 바라본다
그 속에 둥근 달 하나 떠오르고
그 속에 발 내딛는 순간,
달의 온실에 튤립을 심는다
여자는 점점 키가 자라고 허리는 더 날씬해져서
달아이를 낳는데 성공하지만

출근시간으로부터
아직도 둥둥 떠 있어
함께 살아온 이웃의 눈길로부터

배반처럼 둥둥 떠 있어

혼자서 걷는 뒤늦은 하강
비상구를 통해 느린 발을 디디며 후회

그를 좀 더 이해해주지 못한 것?
좀 더 일찍 나를 비워내지 못한 것?

높게 상승하지 못한 나보다
낮게 하강하지 못한 불안이
방주를 부른다
오랫동안 들여다보지 못한,

시간의 바깥

식음을 전폐한다면
시계는 멈출 수 있을 것이다
11시와 1시, 기지개를 펴는 방향이다
끼익! 급브레이크 밟는 소리
세상이 온통 붉은 신호등으로 바뀌고
모든 길이 끊기겠지 모든 기억이 멈추겠지
저 건너편 찻집으로 가던 약속이 멈추고
그를 향한 손짓,
입 속의 말이 닫힌 채 가득 차겠지
그곳에 마냥 누워 뒹굴어 보았어?
시간 속에서 발을 떼고
시간 밖으로 날아 보았어? 밧줄을 풀고
희미한 구름 위로 둥둥 떠날 수 있지
오래된 섬처럼 조용히 가라앉을 수 있지
서둘러! 라는 말은 하지 마
콜록콜록, 한동안 기침이 날 테지
세계는 잠시 멈출 것이고,
나는 더 멀리 날아갈 거야
너도 소나무처럼 가만히 서 있어 봐,
벼랑처럼 가만히 서 있어 봐

맑은 날에도 우레

새로 바꾼 핸드폰, 광대한 시간의 집엔 아주 작은 아이가 산다 시간마다 종종종 걸어나와 "**아홉 시**" "**열 시…**"를 외친다 뻐꾸기시계의 뻐꾸기처럼 "**아홉 시**"를 외치는 순간 시작되는 시간 비행,

스르르 **아홉 시**의 창문이 열리고 **아홉 시**의 구름, **아홉 시**의 하늘, **아홉 시**의 분자들이 날아든다 수십 개의 방이 화들짝 놀라 불을 켠다 번개처럼, 우레처럼 밝아진다 어두워진다

자작나무가 **아홉 시** 방향으로 몸을 돌린다 지나간 시간의 잎과 입이 떨어져 쌓인다 주렁주렁 해와 달이 걸리는 나뭇가지 아래, 나는 피뢰침이 달린 우산을 받쳐든다 방금 **아홉 시 일 분**이 지나가고 천천히 **아홉 시 이 분**이 다가온다 시간 속에 우레가 숨은 맑은 날, 긴 꼬리를 매단 **열 시**는 어떻게 내게로 오는 것인가

잠복기

앞집 사람들, 이사를 갔다
육중한 소리를 내며 철컥! 마지막 문이 잠겼다

잠옷차림으로 슬리퍼를 끌고 나와
신문을 챙겨 갈 사내도 없는 빈 집
밤새 신문이 다녀가셨다

깨알 같이 많은 촛점들이
사람이 살지 않는 사막에 딩동 초인종을 눌렀다
어제 위에 오늘이 아무런 대꾸도 없이 쌓여갔다

신문 넣지 마세요
이집엔 아무도 살지 않는답니다

주인도 아니면서 나는 그렇게 써 붙였다
시간이 길면 길수록 적막과 함께
출렁거리는 고요

문틈에서 날아오는 황사는
나를 쿨룩거리게 했고

먼지보다 많은 시간의 알갱이로 집은 채워졌다

푹푹 발빠지는 사하라 사막 앞에 선
세인트아카시나무처럼
그 집을 향해 가지를 뻗어보았다
잠복기를 거친 몸살이 슬금슬금 기어나왔다

단층집

34층 베란다에서 무료한 오후 2시를 내려다본다

그 단층집 스레트 지붕은 벽돌을 얹어 놓고 산다 단단히 눌러두지 않으면 사라질 것 같은 나날, 검은 타이어를 올려놓기도 한다 때가 되면 둥근 타이어를 굴려 먼 곳으로 내달릴 수 있으리라

커다란 개는 곧잘 옥상에 올라 먼 곳을 향해 컹컹 짖는다 우리가 쉽사리 올려다보지 못하는 그곳, 이루지 못한 꿈들이 시퍼렇게 멍든 그런 하늘을 본다 짖어댈 때마다 빨랫줄에 늘린 옷들도 덩달아 컹컹 흔들어댄다

송곳같이 촘촘히 박힌 시간 속에서 무엇 하나 방치되는 것은 없어, 쓰다 버린 다라이에선 갖가지 푸른 것들이 자란다 배추와 상추와 풋고추 그리고 이름 모를 것들이 쑥쑥 자란다 조각이불처럼 기운 힘을 모아 아침이면 옥상에 올라 물을 주고는 돌아서서 칵! 침을 뱉는다

등에 매달린 저 강철 같이 단단한 24시!

때가 되면 온 몸의 흙을 털어 내고 움츠림에서 깨어날 긴 겨울잠 같은, 그 단층집

수면내시경

다른 세상으로 고개 돌려요 저쪽 벽에 그림이 걸려있어요 침대가 있는 방, 얼른 그 침대로 올라가 누워요 멀리서 들리는 목소리 감지했나요? 눈을 감으세요 천천히 빠져나가는 당신의 붉은 기운, 최면에 걸리듯 눈 감았다면, 이윽고 당신 날아갈 거예요 눈 내리는 마을, 집들이 점점 작아질 거예요 한쪽 눈을 뜨고 한쪽 눈을 감아보세요 한쪽 귀를 자른 사람이 저기 걸어가네요 잘린 귀는 이상한 새가 되어 날아간다는 소문이에요 당신도 언젠가 두 마리의 새를 가지게 될 거예요 그는 언제쯤 올까요? 계곡이 있고 강변이 있는 나라, 새가 온 하늘을 가득 채우는 나라를 지나가고 있어요 수많은 귀, 귀가 날아가고 있어요 잠시 후 하늘색 담요를 덮고 잠들어 있던 곳에 닿으면 다시 번쩍 눈을 떠야 해요 천장이 빙빙 돌고 있을 거예요 그곳에서 다시 비행이 시작될지는 아무도 모르지요

위험한 식사

벼랑의 꽃
붉은 꽃잎을 보면
어느새 손 내밀어 꺾고 있는 내가 보인다

아름다운 유혹,
보이지 않는 미늘에 이끌려

만지지 말라는 그림에 손 닿아있고
들어가지 말라는 잔디밭
어느새 들어가 있다

이겨낼 수 없는
금기와, 금지와, 금욕의 그 달콤함을 찍어
아무도 몰래 슬쩍 맛을 보곤
아하!
그제서야 돌아선다

광장을 지나 터덜터덜
새들도 지겨워하는 거실을 지나 골방

웅크리고 앉을 때마다
오른쪽 왼쪽 옆구리에 기생하는
제2, 제3의 당신들이
머리에 띠를 두른 채 단결한다, 단합한다

달콤하고도
위험한 식사
나를 살게 하는 것!

악어의 식성

입 크게 벌리네 툭 튀어 나온 눈 껌뻑거리네
사바나의 강, 육중한 힘으로 싸워서 이긴 승리의
진흙구덩이

느리고 착한 짐승의 울음을 발라내고 뾰족한 송곳
니 우적우적 살점 씹으며 방금 져버린 목숨을 향한
마지막 배려

한 방울 눈물을 흘리네

눈물샘은 그럴 때 자극되는 것, 한 알 씨앗처럼 떨
어지는 것

살이 터지고 뼈가 으스러지는 99%의 쾌감과 1%
의 비애가 섞인 그런 포만감, 위액과 천, 천, 히, 배
합되는 사이

소화되지 않는 살덩이, 소화되지 않는 목숨을 짓
이길 돌멩이마저 삼키네

진흙구덩이 그 모두를 삼키네 고요해지네

악어가 흘린 눈물 한 방울

천,천,히 사바나 강으로 흘러가네

1604호

얌전히 벗어둔 꽃버선 한 켤레

첨벙!
벼랑 아래로 무언가 떨어지는 소리

생의 한 가운데
겨울**의** 한 가운데,
거실의**한** 가운데,
가만**가**만 서성거리다
운명을 저버리고
데굴**데**굴 굴러 떨어진

꽃버선 속의 하얀발은 어디로 갔을까
얇은 스타킹을 신고 하이힐을 신고

말없는 엘리베이터
오로지 침묵만을 열고
첨벙!

□ 해설

존재와 삶의 그늘
– 안효희의 시세계

구모룡(문학평론가. 한국해양대 교수)

1. '나'를 찾아가는 푸른 길

안효희의 첫 시집 『꽃잎 같은 새벽 네 시』는 "나를 찾는 길"(「레이저 광선」에서)이라는 주제와 연관된 시들이 많다. "닳아가는 세월"(「꽃잎을 씻는 여자」에서) 속에서, "다시는 되돌아 올 수 없는 시간의 광장"(「낯선 시간」에서) 앞에서 자기를 돌아본 것이다. 돌아봄과 자아를 찾는 과정은 일치한다. "모래알 구르는 사막"(「입 속의 사막」에서)에 비유되는 고갈과 "감금되었던 욕망"(「검은 것에 대하여」에서)의 분출은 시적 자아를 매개로 조정된다. 시적 자아는 환幻과 멸滅로 변주되는 나날(「환과 멸」에서)을 넘고 표류하는 지금-여기의 '나'를 정박할 거처를 찾으려 한다. "우물이 있던 자리, 오래된 시간"(「우물이 있던 자리1」에서)은 시인의 의식에서 지속하는 순수공간이다. 일상생활의 비자각적인 반복을 걷어내는 가장 빠른 길은 그것과의 단절을 시도하는 것이다. 그럴 때 시원, 기억의 원천, 유년은 존재를 매혹하는 근원이다. 그러나 이러한 근원은 자각을 이끌고 행복의 꿈을 되살리지만 지금-이곳의 '나'에 대한 궁극적인 처방이 되지 못한다. 안효희의 시적 지평은 서정적 환원에 귀착하지 않고 생활세계로 회귀하는 데서 시작되고 확장된다.

첫 시집에서 안효희는 두 개의 "거울"을 예비한다. 그 하나는 "우물"로 표상되는 존재의 시원을 지향하는 거울이다. 다른 하나는 "자라는 푸른색"(「푸른색 거울」에서)으로서의 거울이다. 이 둘은 각각 시원과 생성을 의미하는 것으로 시적 자아의 열림과 닫힘을 견인한다. 전자의 거울은 이미 돌아올 수 없는 기억 속에 존재하지만 현재의 마모된 자아를 인식하게 하는 근거가 된다. 유년의 경험은 그것이 순수하다는 사실 하나만으로도 충분히 존재를 전율케 하는 것이어서 서정시인은 필연적으로 그것을 지향하게 된다. 그러나 그것은 이미 상실된 지평에 처해 있으므로 시인은 "초록빛 생명"(「그녀의 수인번호」에서)이라는 새로운 거울에서 희망의 거처를 찾는다. 말할 것도 없이 이 둘이 대립하거나 대비를 이루는 것은 아니다. 오히려 상호연관된 것으로 현실의 자아를 견인하다. "밖이 저물어야 속이 더 환해지는 /내 안의 암자"(「묵언 구간」에서)와 같은 구절이 말하듯이 안과 밖, 추억과 존재, 기억과 생성은 역설로 만난다.

안효희가 첫 시집에서 전개한 시적 과정은 둘째 시집으로 이월되면서 시적 지평의 확장으로 이어진다. '나'를 찾아가는 푸른 길로 비유될 수 있는 첫 시집의 경향은 둘째 시집에서 구체적인 삶 속에서의 관계에 대한 시적 인식이라는 양상으로 나타난다. 이러한 양상은 첫 시집에서 보인 시원 회귀의 거부를 계승하면서 또 다른 대상인 생명의 본질이라는 관념으로도 쉽게 경도되지 않겠다는 태도의 소산이라 할 수 있다. 무엇보다 "생의 한 가운데"라는 삶의 구체적 정황을 놓치지 않으려 한다.

> 그녀는 자꾸 누우려 한다 먼 길 둘둘 말아 주머니에 넣고, 이제 그만 누우려 한다 서 있는 동안의 나날들이 퇴행성관절염처럼 주저앉는다 나는 그녀를 일으켜 앉힌다 침대는 영혼과 육체를 병들게 하는 유혹, 세상엔 아름다운 것들이 아직 많답니다 그녀는 나에게, 길 위 수많은 나팔꽃을 열어보라고 하지만, 굽이굽이 바라보는 먼 길, 그 끝은 언제나 막다른 골목임을 안다 가고 싶은 곳과 가고 싶지 않은 곳이 등을 맞댄 채 비벼댄다 그녀는 또다시 눕고 다시 돌아서 눕는다 누워서 응시하는 그곳은 전생과 환생의 중간 지점, 풍장을 꿈꾸는 새 한 마리 하늘을 가로 지른다 나는 아직 새가 되지

못한 채 지느러미를 가진 물고기인간, 生의 한가운데
를 헤엄치는 중이다

—「그녀와 나의 함수관계」 전문

이 시에서 시인의 의도를 집약하고 있는 것은 "생의 한가운데"라는 어구다. 이것이 시집의 마지막 시편 「1604호」에서 거듭 강조되고 있다(형태시의 기법을 수용할 만큼 시인은 이 말 위에 방점을 찍으려 한다)는 점을 주목할 필요가 있다. 아파트라는 생활공간을 지시하는 「1604호」는 사별한 이에 대한 아픈 회억이 표출되어 있다. 아마 인용된 시에 등장하는 "그녀"와도 무관하지 않을 터인데 그만큼 구체적인 관계에서 생겨나는 감정양식이 충실한 것이다. 육친과의 사별이나 그들에 대한 추억은 첫 시집 이래 줄곧 등장하는 모티프이다. 하지만 시인의 관심이 육친의 정에 한정되지 않는다. '나'에서 출발하여 가족을 거치면서 타자에 대한 공감이 확산되는 것이다. 타자의 고통을 교감하는 능력은 그것을 자신의 고통으로 받아들이는 데서 형성된다. 임종을 앞둔 환자의 의식세계를 이해한다는 것은 실제로 불가능한 일인지도 모른다. 그래서 시적 화자는 스스로 "생의 한가운데" 머물고 있다는 인식—"나는 아직 새가 되지 못한 채 지느러미를 가진 물고기인간, 生의 한가운데를 헤엄치는 중"—을 통해 삶과 죽음이라는 존재의 문제에 대한 경외감을 표현하게 되는 것이다.

2. 존재의 안과 밖

삶과 존재에 대한 시적 탐구는 모든 시인에게 있어서 지속되는 과제이다. 주체와 세계의 끊임없는 교섭 과정에서 개성적인 언어로 표현되는 것이 시이다. 그러므로 시는 세계 쪽에 치우친 재현에 그치지 않고 주체 쪽의 독백에 한정되지 않는다. 안효희의 존재 탐구 또한 첫 시집 이래 여전히 또렷하다. 가령 첫 시집에서의 "우물이 있던 자리"는 둘째 시집에서 "걸어다니는 우물"로 변주된다. 시원의 자리에 놓여 있던 순수 자아에 대한 그리움이 유동하는 존재에 대한 구체적인 인식으로 발전한 것이다.

> 지구에는 수억만 개 걸어다니는 우물이 산다// '들여다보지 말 것' 그 우물은 명패를 달았다 무심한 척 빠른 걸음으로 지나쳐도 어느새 내 안에 있다//소용돌이를 가진 울음은 밤이 두렵다 작은 소리에도 두근거리는 숨, 한 맺힌 곡성을 길어 올리는 저 둥근 폐가가 내 안에 둥지를 튼다 들여다보지 않았기에 더 크게 번져가는 파문, 파문, 넘쳐나는 입, 넘쳐나는 눈들이 걸어다니기 시작한다//누가 '들여다볼까!' 두꺼운 옷을 입고 오늘도 거울 앞에 선다 또 하나의 길 저 아득한 지점, 우물 밑바닥과 거울 먼 곳은 서로에게 닿는 긴 통로를 가지고 있어, 지구 반대편 빈집에 앉아 우는 울음도 수시로 드나든다//돌멩이가 떨어져도 소리 내지 않는다 스스

로를 발견하기 위한 앙다문 입술, 맑은 날에도 결단코
고요해질 수 없는 숙명이다

-「걸어다니는 우물」 전문

시인의 존재론이 표현된 시인데 우물과 거울의 은유를 변용한다. 그러나 해묵은 자아성찰의 반복이 아니다. 울음의 존재, 슬픔의 존재라는 자기 인식이 바탕에 깔려 있다. 인간에게 있어 영원한 것은 기쁨이 아니라 슬픔이다. 이는 살아있는 모든 생명체를 연민으로 보는 관점에 연원하며, 삶에 내재한 죽음이 슬픔의 원천이라는 해석과 결부된다. 그러나 인용시가 이러한 '죽음을 향하는 존재론'을 의도하고 있는 것은 아니다. 무엇보다 "내 안에 둥지를 튼" "폐가"라는 내면의식에 더 큰 의미를 부여하고 있다. "지구 반대편 빈집"의 "울음"에도 공명하듯이 이것은 헤아리기 힘든 깊이를 가진다. 시적 화자가 "울음"이 상통相通하는 "우물"을 상정하고 있는 것이다. 그리고 이 우물은 "결단코 고요해질 수 없는 숙명"을 지니고 있다. 이처럼 시인은 울음의 존재론, 슬픔의 존재론을 견지한다.

그가 잘 웃는 까닭은 더 많이 슬프기 때문/안경을 꼈다
벗었다 한다//진주로 만든 목걸이가 흩어지자/빈 웃음
이 차르르 터진다//슬픔을 가진 마른 육체의 살이 터지
고/어디선가 고양이 울음 같은 목소리가 난다//압력밥
솥 속에서 끓다가 혼자 가라앉는 것/냉장고 속에서 조

> 각조각 오래도록 얼어 있는 것//그가 한 주걱 밥을 퍼 고추장을 넣고/쓱쓱 비벼 먹는다 양푼을 헹궈도 남아 있는 흔적//세상의 모든 슬픔은 가장 낮은 곳으로 흐르고/웃음은 울음으로 연결되는 저마다의 통로를 가진다//슬픔이라는 이름의 갑옷을 나날이/입었다 벗었다 하는 마네킹의 무표정//누군가의 눈을 바라본다는 것은/슬픔의 막을 가르고 당신의 절반을 그에게로 보내는 것
>
> –「슬픔의 막」 전문

안효희가 지닌 슬픔의 존재론이 존재의 내면의식이자 존재 밖의 타자의 문제임을 잘 드러내는 시이다. 이 시에서 "그"가 누구인지는 분명하지 않다. 그럼에도 슬픔의 내력을 지닌 존재임엔 틀림이 없다. 고통과 가난 속에서 살아가는 이라 할 수 있는데 화자는 비단 "그"를 특정하여 슬픔을 말하지 않는다. 오히려 이러한 '그' 와 더불어 "진주로 만든 목걸이"를 건 이도 "웃음의 막" 뒤에서 "마른 육체의 살"이 터지는 울음을 운다. 그러므로 슬픔은 빈부귀천의 차이를 넘어선 존재의 보편적인 속성이 된다. 마치 연극 무대에서 막이 걷히면 인물들의 진면이 드러나듯 웃음은 슬픔을 가리는 막에 불과하다. 그래서 존재는 슬픔으로 교감한다. "누군가의 눈을 바라본다는 것은/슬픔의 막을 가르고 당신의 절반을 그에게로 보내는 것." 결구를 통하여 화자 혹은 시인은 슬픔이라는 공통감각을 제시하고 있다.

「슬픔의 막」이 말하듯이 타자와 감정이입하려는 시인의 태도는 '나'를 찾아가던 초기 시와 다른 시적 지평을 보인다. 이는 유년의 순수의식과 자기애를 등치하는 입장에서 벗어나 지금-여기의 구체적인 삶 속으로 시적 발화의 위치를 이동시켰음을 의미한다. 이와 같은 시적 지평의 확장을 가능하게 한 인식의 매개가 슬픔의 존재론이다. 상처와 고통 그리고 몸을 가진 인간의 근본적인 한계에 대한 인식은 타자에 대한 이해의 진폭을 더하게 한다.

> 오른쪽 빰이 붉은/살 익은 사과를 한 입 베어 먹으면/잎이 달린 사과나무가 내 거실에 들어와 서는데//형상기억으로 되살아난 나뭇잎들이/시간을 쑤욱 잡아당겨/봄과 여름의 과거/하얀 꽃 피워냈다는 생각을 하게 되는데//그 끄트머리를 따라 유년의 나무/벌레 먹은 나를 펴 올리게 되는데//잎사귀 한쪽이 멍들고/왼쪽 귀퉁이 찌그러진 기억,/저렇게 둥글고 저렇게 휘날리는 기억이/머리카락 사이로 펄럭이는데//밤새 전등을 켜놓아야 잠들 수 있던,/그래서 잠은 밤마다 바깥으로 귀 세우고/가족은 다 돌아오지 않았는데 저녁 여덟시/통금시간은 어김없이 돌아와/바람하나 샐 틈 없이 단단히 대문을 잠갔는데//먼 곳은 그렇게 가까워지기도 하고/사과처럼 붉은 빰을 가진 기억은/하나하나 연결된 쇠고랑처럼 이어져/상처 난 발목을 수시로 흔들어댄다
>
> -「기억은 빰이 붉다」 전문

이처럼 시인은 기억의 저편에 있는 "유년"으로 돌아가지만 또한 지금-여기로 곧장 회귀하기도 한다.

이 시는 사과를 베어 먹으면서 일어나는 기억의 현상학을 매우 구체적인 감각으로 형상화하고 있다. 불쑥 눈앞에 그려진 유년의 한 장면에서 화자가 말하고자 하는 것은 미분화된 순수의식이 아니다. 오히려 "그 끄트머리를 따라" "벌레 먹은 나"를 떠올린다. 화해和諧가 아니라 애써 불화를 부각하는 화자의 태도는 어떤 의미를 가질까? 이는 유년을 돌아가야 할 행복의 공간으로 설정하지 않을 뿐만 아니라 상처와 고통의 영속성이라는 삶의 진실을 말하려는 의도와 무관하지 않다. 다시 말해서 화자는 유년의 회상에 개입하는 현재의 사정을 용인한다. 현재와의 단절을 통하여 얻어지는 안식과 위안을 위장하지 않으려는 것이다. 도금된 평화를 수용하지 않는 시인은 현실주의자이다. 그래서 "사과처럼 붉은 뺨을 가진 기억은/하나하나 연결된 쇠고랑처럼 이어져/상처 난 발목을 수시로 흔들어댄다." 이와 같이 유년은 상처이거나 현실의 상처를 덧나게 하는 계기일 뿐이다. 그만큼 지금-여기의 구체적인 삶의 인력에 시적 가치와 진정성을 부여하고 있다. 동일성을 지향하는 유아주의唯我主義가 아니라 열리는 세계로 나아가는 갈등하고 분열하는 자아가 시적 진실인 것이다. 그래서 시인은 다음처럼 말한다. "환한 빛 속에서 방금 건져 낸 빨래가 팔랑거린다 물기 머금은 채 건조를 기다리는 내가 서 있거나 앉아, 또 다른 순간의 나를 연開 다多 열기 이전엔 언제나 밀랍이었고, 열면 열수록 사라져가는 나는 어디에 있는 것인가!"(「연開 다多」에서) 열림이 새로운 다양성을 말하는 것임을, 그러므로 분열은 자아의 확장임을 안다.

안효희는 현실과의 거리를 만들면서 동일성을 획득하려는 서정적 비전을 추구하지 않는다. 그녀는 오히려 과거지향적인 가치들을 정리하는 것이 "정리定離"(「정리 혹은 定離」에서)라고 말한다. 그녀에게 카이로스의 시간은 지금-여기의 삶, 곧 "살아온 날과 살아갈 날이 뒤범벅이 된 시간"(「죽은 나무 아래」에서)인 것이다. 이러한 시간은 "깨어진 거울 속 같은 몸의 기억"(「몸의 기억」에서)과 다를 바 없다.

> 알 수 없는 뒤섞임 속에서/거대한 숟가락 같은 삽 한 자루/기어코 놓지 않는다/흙을 퍼낼 때마다 굵은/지렁이 꿈틀거린다 푸드득/날아오르고 싶은 몸부림으로/씨앗 뿌려놓으면/꼭 그만큼의 싹이 벽돌처럼 태어난다/시들기 위해 다시 피는 꽃,/절반의 희망과 절반의 좌절이/자갈과 모래와 뒤섞여/뻥짝처럼 주저리주저리 흘러나온다/내 몸 어느 곳의 자갈이/내 몸 어느 곳의 모래가/지금 사막 위에 기둥을 세우는 중이다
>
> -「레미콘-사물화6」 부분

비록 "사물화"라는 회의가 생기더라도 몸은 가장 구체적인 존재의 진실이다. 그것은 끊임없이 동질성과 이질성이 만나고 생성과 소멸이 교차하는 장소이

다. 그래서 시인은 "낳아지는 '무엇' 이 아닌 낳고 있는 '무엇' 이 되려고 나날이 단 한 송이 꽃을 사는 여자"(「복분자 술병」에서)를 주목한다.

3. 생의 한 가운데서

안효희의 두 번째 시집을 처음 읽으면서 문득 떠오른 말은 "생의 한가운데서"였다. 그리고 맨 마지막 시편에서 시인이 이 어구를 쓰고 있는 장면과 맞닥뜨렸을 때 미묘한 울림을 느꼈다. 결코 자주 있는 경험은 아니다. 그만큼 그녀의 시가 생이라는 구체적인 정황에 충실한 때문이다. 첫 시집에서 보인 자아를 찾아가는 푸른 행보는 둘째 시집에서 '나' 와 '나' 를 둘러싼 세계에 대한 탐문으로 전개된다. 이러한 가운데 첫 시집의 첫 번째 시편인 「그늘에 서다」에서 그려진 "그늘"의 이미지가 하나의 주조를 이루어 둘째 시집에서도 등장하고 있음에 의미를 부여하려 한다. "함부로 열어 보일 수 없는 그늘, 약이 되기도 하고 독이 되기도 하는 시간"(「비문」에서)이라는 구절에서 보이는 "그늘"은 실체가 있는 그림자도 아니고 실체가 없는 어둠도 아니다. 그것은 파르마콘과 같이 약이 되기도 하고 독이 되기도 한다. 존재와 삶이 이와 같은 모습을 지니고 있는 것이 아닐까? 안효희의 시가 생의 한 가운데서 존재와 삶의 그늘을 형상화하고 있는 것은 아닐까?

> 나는 깊이 들어갔다/낙엽과 바람은 뒤섞여 맴을 돌았다/메마른 나뭇잎들이 우체통 앞을 구를 때/저 붉은 우체통, 깨알 같은 사랑마저/메말라 사라지지 않을까/걱정은 오랜 기다림처럼 쓸쓸했다/그리고 아무 말도 하지 않았다/밤은 눈물처럼 축축해졌고/한쪽 귀 풀린 플래카드는/철새처럼 날아가고 싶어 했다/겨울로 가는 건널목 앞에서/이유도 없이 두리번거리다/구두 수선 가게로 들어가는 여자와/과일노점상 앞에서 주머니를 뒤적이는/낯선 남자마저, 사랑할 수 있을 것 같은/보이지 않는 이것은 무엇인가/저 말없는 눈빛들을 향한/부엉이도 없는 빈 가지에 걸린 가루등은/커다란 겨울 그림자를 만들고/나는 그 그림자 속에 창문 하나를 만들었다
>
> –「다시 겨울이구나」 전문

이와 같은 시가 보이는 감정의 구조가 그늘의 시학이 아닌가 한다. 그늘은 경계를 만들지 않는다. 그림자가 아니므로 있으면서 또한 없다. 인용시에서의 사랑처럼 "보이지 않는" "무엇"이다. 그것은 이름을 붙일 수 없는 무명이다. 그렇지만 "그림자 속에 창문"처럼 어둠이 아니므로 "무엇"이라 말할 수 없는 존재의 현현이기도 하다. 기억과 희망, 고통과 환희, 환상과 환멸, 생성과 소멸, 삶과 죽음이 포개지고 겹치는 과정의 경험이 만들어내는 실존의 무늬가 그늘이라고 한다면 어떨까? 그것을 굳이 시학의 개념으로 설명하려 든다면 '애매성ambiguity'에 속할 것이

다. 이매성은 확정적인 의미를 거부하고 이성에 의한 판단과 규정을 부정한다. 존재와 삶은 오히려 이러한 애매성의 지평에 있다는 것이 시적 진실이다.

> 누구도 가본 적 없는, 돌이킬 수 없는 습지가 있다 꼼짝하지 않는, 흑색점무늬 개구리 몸을 찢고 날개가 돋기 시작한다 달이 뜬다 숨바꼭질은 끝난다 주기적으로 건너오는 울음의 늪이다
>
> –「울음의 주기」 부분

"그늘"은 이 시에서 말하고 있는 "울음의 늪"에 비유될 수 있을 것이다. 그것은 직설적으로 발화될 수 없는 억압된 언어인가 하면 깊은 바닥으로부터 커오는 생성의 언어이기도 하다. 그렇기 때문에 그늘의 시학은 죽음과 접신을 말하기도 하고 사랑과 욕동을 말하기도 한다.

> 드르륵 창을 열면 태양이 말을 걸었지 햇살도 김치 항아리처럼 발효작용 일으키지 애벌레가 생기고 수백 마리 환한 나비, 빛 속에서 부화되었지 눈이 부신 하얀 살결, 하얀 눈밭은 빛살에 먼저 반응했고 미세한 진동 느끼며 들었지 태양이 방금 낮은 봄을 말하였어 그것은 함부로 교신할 수 있는 것이 아니지 음지식물이 빛을 모르고 살듯 눈 어둡고 귀 어두운 자는 모르지 맨살에 지글지글 끓어오르는 풍경, 붉어지고 다시 붉어져 맺히는 눈물집, 따뜻하고 환한 손길로 쓰다듬는 빛의 사랑법이거나 대화법이지 꽃밭이거나, 들판이거나, 산중턱이거나, 머지않아 온 대지에 필 것이니, 간지러움,

간지러움, 이 꿈틀거림

–「알레르기」 전문

그늘은 음과 양이 공존하는 세계이다. 그것은 한과 멋이 섞여 있다. 다시 말해서 웃음과 울음이 구분되지 않는다. 하지만 어느 한쪽으로의 편향이 있을 수 있다. 이미 슬픔의 존재론으로 드러났듯이 안효희의 시는 고갈되는 몸과 사라지는 육친과 변하는 가족 그리고 수많은 타자들의 고통으로 인한 한의 공통감각에 더 기울어 있다. 그럼에도 인용시는 존재의 미동에서 사랑과 대화의 세계가 열릴 수 있음을 예고한다. 또 다른 시인 「울음의 냄새」는 "내가 잡고 있는 기억의 끄트머리에서 날아 왔지 거대한 바위에 부딪힌 듯 가슴이 저려왔어 생은 언제나 벅찬 것 가끔 기적도 일어났지"라고 환희의 순간을 진술한다. 하지만 "알레르기"가 그렇고 "기적"이 그렇듯 생동하고 빛나는 생의 시간들은 지속적이지 않다. 삶은 빛도 어둠도 아닌 그늘의 영역이다. 안효희의 시적 지평이 생활세계의 구체적인 경험 속에서 개진되고 있음이 감동을 준다. 시인 또한 "생의 한가운데" 자기의 위치를 정하는 균형감각을 잃지 않는다.

밤의 꿈과 낮의 환상 사이를/바닥이 드러난 물길처럼
수시로 건너다닌다/경계하는 선이 없고 경계하는 눈이

> 없어/오히려 활짝 열어 제친 그들의 꿈은/늘 꿈의 바깥에서 대화를 한다//꿈꾸기 위해 밥을 먹고, 잠을 청한다/하늘을 날고 싶은 꿈으로 이어지는/내일은 경배의 나라/달빛은 자주 꿈의 계단을 비추고/그들은 밤마다 계단 하나씩 오른다//누구를 원망하거나 절망하지 않는 꿈속에/독백은 우렁차고/존재는 불꽃을 견딘 참나무 숯불 같이 뜨겁다//그들에겐 늘 당신이 있어 감사할 뿐/섬처럼 둥둥 떠다니는 꿈은 존재하지 않는다/지금 이 세상만으로도 허공은 충분했으므로
>
> –「간밤의 꿈」 부분

진정 안효희의 시적 지향이 담긴 시가 아닐까? 세속 안에서 행복의 공간이 열리기를 염원하는 그녀의 비전이 생활세계에서 구체적인 경험으로 수용되는 고통과 슬픔과 겹치면서 존재와 삶의 그늘이라는 미학적 성취를 획득한 것이라 할 수 있다. 도처에서 "울음의 냄새"를 맡는 감각의 원초성을 견지한 시인이기에 생의 누적된 기억들이 만드는 주름들을 더욱 생동하는 감각으로 그려낼 것이라 믿는다. "지금 이 세상만으로도" 그녀에게 충분한 시가 되고 있다.

서른여섯 가지 생각

시와사상 시인선 18

찍은날 | 2012년 4월 5일
편낸날 | 2012년 4월 14일

지은이 | 안효희
발행인 | 김경수
펴낸곳 | 시와사상사
부산광역시 금정구 부곡동 325-36번지
전화 : 051-512-4142
팩스 : 051-581-4143
E-mail : sisasang@dreamwiz.com
http://www.sisasang.co.kr

등록번호 | 제05-11-7호
등록일자 | 2005년 7월 18일

인쇄처 | 도서출판 세리윤

값 7,000원

ISBN 978-89-94203-06-5 04810

• 본 도서는 2012년 부산문화재단 지역문화예술육성지원사업의 일부지원으로 시행됩니다
• 잘못된 책은 바꾸어 드립니다.
• 지은이와 협의에 의해 인지는 생략합니다.